Me Pregunto Por Qué

Los aviones tienen alas

y otras preguntas sobre transportes

Christopher Maynard

 EDITORIAL EVEREST, S. A.

Madrid • León • Barcelona • Sevilla • Granada • Valencia
Zaragoza • Las Palmas de Gran Canaria • La Coruña
Palma de Mallorca • Alicante • México • Lisboa

Título original: *I Wonder Why Planes Have Wings and Other Questions About Transport*

Traducción: Ruth Villa Pérez

Responsable de la colección: Jackie Gaff

Diseñador de la colección: David West Children's Books

Autor: Christopher Maynard

Asesor editorial: Ian Graham

Editores: Brigid Avison

Responsable artístico: Christina Fraser

Ilustraciones de cubierta: Chris Forsey, viñetas por Tony Kenyon (BL Kearley)

Diseño de cubierta: Alfredo Anievas

Ilustraciones: Chris Forsey pp. 4-7, 16-21, 26, 28-29; Tony Kenyon (BL Kearley) todas las viñetas; Sebastian Quigley (Linden Artists) pp. 10-1 , 27a.d.; Stephen Seymour (Bernard Thornton Artists) pp. 30-31a.i.; Ian Thompson pp. 8-9, 12-13; Ross Watton (Garden Studio) pp. 14-15, 22-25, 30ab.i., 31m.d.

PRIMERA EDICIÓN, primera reimpresión, 1997

© Larousse plc y EDITORIAL EVEREST, S. A.
Carretera León-La Coruña, km 5 - LEÓN
ISBN: 84-241-2166-X (Colección completa)
ISBN: 84-241-2169-4
Depósito legal: LE. 24-1996
Printed in Spain - Impreso en España

EDITORIAL EVERGRÁFICAS, S. L.
Carretera León-La Coruña, km 5
LEÓN (España)

CONTENIDOS

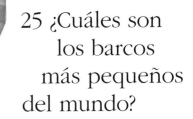

¿Qué distancia puedo andar en una hora?

Si andas durante una hora, y no paras para descansar, tus propias piernas avanzarán unos 4 km. Si corres, llegarás más lejos, pero es muy probable que tengas que parar para recobrar el aliento. El modo más fácil de recorrer unos cuantos kilómetros en una hora es sobre un medio de transporte.

• Un caracol de jardín tardará más de tres días en recorrer la misma distancia que tu andes en una hora.

• Trotando sobre un pony durante una hora, podrás recorrer tres veces la misma distancia que harías a pie.

• Para cubrir la distancia que un avión jumbo recorrería en una hora, tendrías que andar día y noche durante diez días.

• Los ciclistas de alta competición pueden pedalear, por lo menos, diez veces más rápido de lo que tu andas. Algunos llegan a recorrer 40 km en una hora.

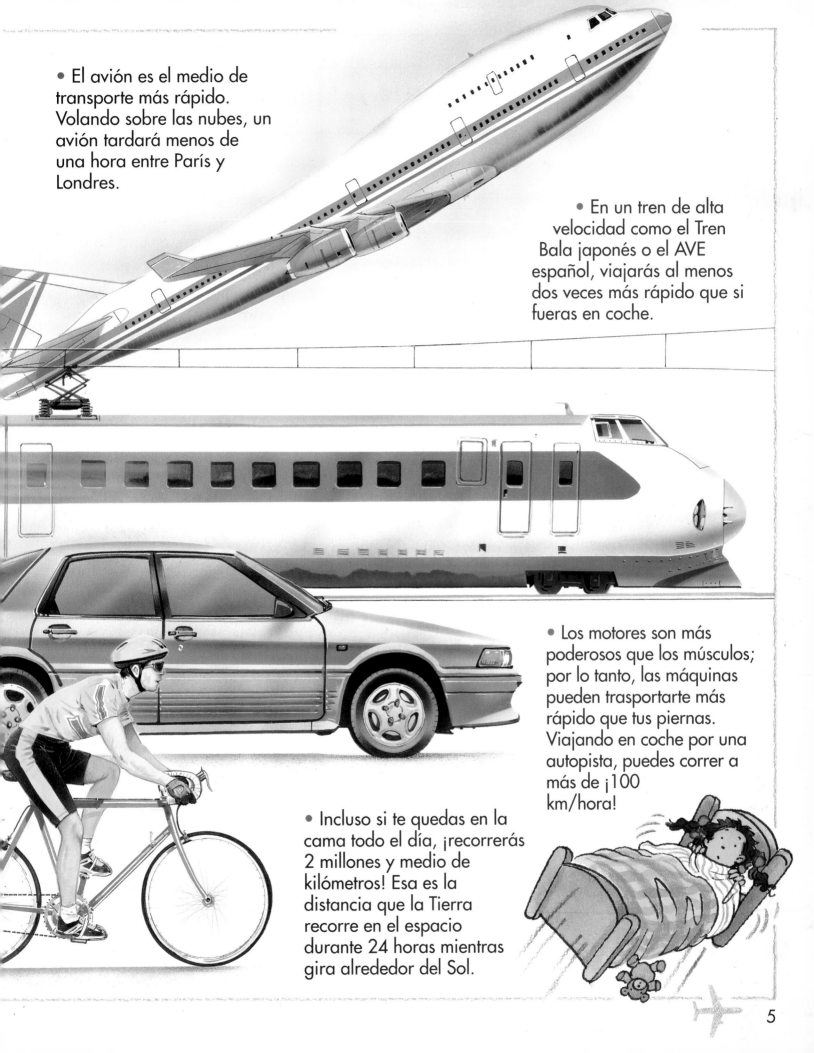

• El avión es el medio de transporte más rápido. Volando sobre las nubes, un avión tardará menos de una hora entre París y Londres.

• En un tren de alta velocidad como el Tren Bala japonés o el AVE español, viajarás al menos dos veces más rápido que si fueras en coche.

• Los motores son más poderosos que los músculos; por lo tanto, las máquinas pueden trasportarte más rápido que tus piernas. Viajando en coche por una autopista, puedes correr a más de ¡100 km/hora!

• Incluso si te quedas en la cama todo el día, ¡recorrerás 2 millones y medio de kilómetros! Esa es la distancia que la Tierra recorre en el espacio durante 24 horas mientras gira alrededor del Sol.

5

¿Cuál es el coche más rápido?

Un coche inglés llamado *Thrust 2* estableció el récord mundial de velocidad en 1983. Con el motor de un avión, en vez del motor de un coche, casi alcanzó los 1 020 km/hora.

• El primer coche en superar los 100 km/hora funcionaba a pilas. Su nombre era *La Jamais Contente*, y realizó esta hazaña en 1899, hace casi 100 años.

• Los aparatos de vela más rápidos del mundo son las tablas de vela. Con vientos fuertes pueden deslizarse sobre el agua a más de 80 km/hora.

Espíritu de Australia

¿Cuál es el barco más rápido?

Los hidroaviones se deslizan por el agua casi como si volaran. En 1977, Ken Warby alcanzó los 556 km/hora en su *Espíritu de Australia*, propulsado por un motor a reacción.

Thrust 2

• Para llevar astronautas a la Luna en los años 60 y 70, los cohetes *Saturno* y *Apolo* tuvieron que viajar 40 veces más rápido que un avión a reacción. Pero el límite de velocidad del vehículo de los astronautas era sólo de ¡16 km/hora!

SR-71A Blackbird

• Una de las maneras más rápidas de viajar sin motor es encima de unos esquíes.

¿Cuál es el avión más rápido?

Los aviones más rápidos son los que tienen motores a reacción. El récord mundial se estableció en 1976, cuando el avión norteamericano SR-71A alcanzó los sorprendentes 3 530 km/hora. Recibió el nombre de *Blackbird*.

¿Por qué los aviones tienen alas?

Los aviones tienen alas por la misma razón que los pájaros; para poder volar. Las alas de los aviones funcionan debido a su tamaño. Su parte superior es más curva que la inferior y esto permite que el aire fluya más rápido por encima de ellas que por debajo. Este aire más rápido que fluye sobre ellas las empuja hacia delante.

¿Qué coches tienen alas?

Muchos coches de carreras tienen alas; alas invertidas, más curvas en la parte inferior que en la superior. Funcionan de manera contraria que las alas de un avión, empujando hacia abajo en vez de hacia arriba. De este modo, los neumáticos se adhieren mejor a la pista.

• Para ver cómo funcionan las alas, sopla con fuerza sobre una hoja de papel. ¡Verás como sube el papel!

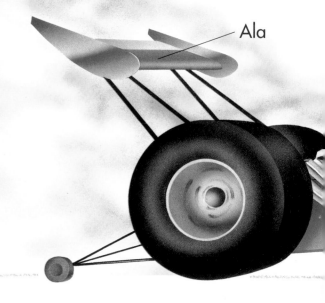

Ala

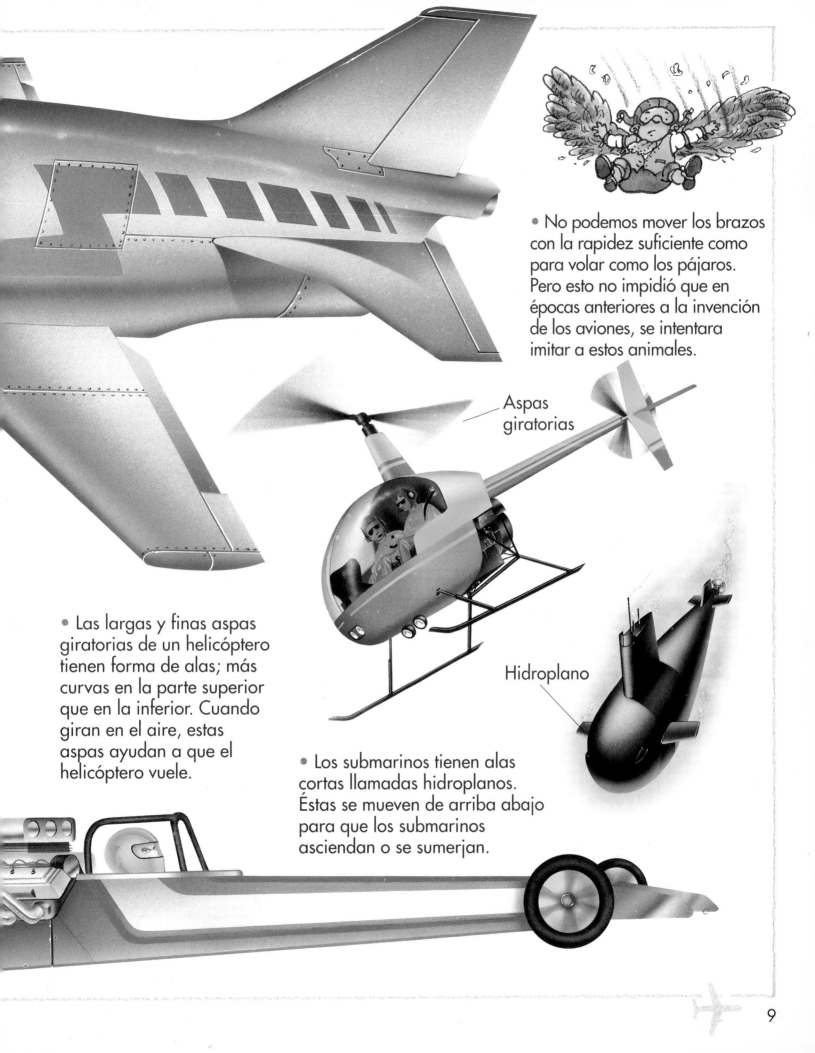

• No podemos mover los brazos con la rapidez suficiente como para volar como los pájaros. Pero esto no impidió que en épocas anteriores a la invención de los aviones, se intentara imitar a estos animales.

Aspas giratorias

• Las largas y finas aspas giratorias de un helicóptero tienen forma de alas; más curvas en la parte superior que en la inferior. Cuando giran en el aire, estas aspas ayudan a que el helicóptero vuele.

Hidroplano

• Los submarinos tienen alas cortas llamadas hidroplanos. Éstas se mueven de arriba abajo para que los submarinos asciendan o se sumerjan.

¿Qué avión puede mover su nariz?

El super rápido avión de pasajeros *Concorde* puede mover su nariz. Con su alargada y picuda nariz señalando hacia fuera, el *Concorde* puede volar por el aire a más del doble de la velocidad normal de un avión jumbo. No obstante, cuando el *Concorde* aterriza, su nariz desciende para que el piloto pueda ver la pista de aterrizaje.

• El *Concorde* se calienta tanto cuando vuela que su fuselaje gana 28 cm de más.

• Los aviones más grandes de pasajeros, los *Boeing 747*, reciben el sobrenombre de «jumbos». *Jumbo* fue un elefante del Zoo de Londres en la década de 1 800.

¿Pueden los aviones mover sus alas?

Sí; algunos aviones de combate tienen alas que avanzan o retroceden. Las alas que están en posición recta son muy adecuadas para aterrizar, despegar y volar despacio. Cuando las alas cambian de posición, el avión adopta una silueta más aerodinámica que le ayuda a surcar los aires a gran velocidad.

• Los pájaros poseen las mejores alas de todas. Un halcón peregrino extiende sus alas mientras localiza a su presa, luego las pega contra su cuerpo cuando decide lanzarse a la caza. En su vuelo en picado alcanza los 300 km/hora.

• El avión de combate *Harrier* recibe el nombre de avión de combate de «despegue vertical» porque despega en esta posición.

¿Vuelan los dirigibles?

Los dirigibles modernos deberían llamarse «naves de gas», porque utilizan un gas llamado helio para poder volar. Los dirigibles flotan porque el helio pesa menos que el aire.

El globo de un dirigible recibe el nombre de «envoltura».

● Los globos de la feria están normalmente llenos de helio. Para comprobar cuál es más ligero, si el helio o el aire, intenta mantener en el aire un globo de la feria y otro que hayas hinchado tú.

● El primer correo «aéreo» fue transportado en globo.

- Los primeros pasajeros de un globo fueron ¡un gallo, un pato y una oveja! El vuelo duró 8 minutos y tuvo lugar sobre París en 1783; hace más de 200 años.

¿Por qué flotan los globos de aire caliente?

Quemador

Los globos flotan porque el aire caliente asciende al pesar menos que el aire frío. El aire caliente del interior de un globo se calienta con un quemador que funciona como un hornillo de gas.

¿Por qué tienen ruedas los coches?

Los coches y la mayoría de las máquinas terrestres tienen ruedas para facilitar su movimiento. Los objetos aminoran la marcha al rozar contra el suelo. Las ruedas son muy útiles porque giran facilmente y sólo una mínima parte de ellas toca el suelo.

• ¡El coche más largo del mundo tiene 26 ruedas! Tiene incluso espacio para una diminuta piscina.

• Imagina lo difícil que sería mover un coche si todo él estuviera en contacto con el suelo, ¡en vez de sólo sus ruedas!

• La nieve y el hielo resbalan más que la tierra y la roca. Por eso los esquíes y patines no necesitan ruedas.

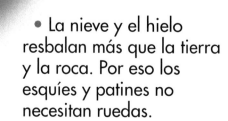

¿Cuáles son los neumáticos más grandes?

Los neumáticos más grandes del mundo se utilizan en los camiones de carga para amortiguar su pesada carga de rocas y tierra. Las ruedas miden más de 3,6 m ¡Aproximadamente tres veces más altas que tú!

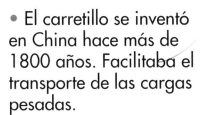

• El carretillo se inventó en China hace más de 1800 años. Facilitaba el transporte de las cargas pesadas.

¿Qué barcos tienen ruedas?

Los barcos fluviales llamados vapores de ruedas funcionan con ruedas. Estas ruedas están formadas por anchas paletas que empujan contra el agua mientras la rueda gira, moviendo de esta manera el barco.

¿Por qué los coches necesitan gasolina?

Un coche necesita gasolina por la misma razón que tu necesitas comida; para conseguir energía y poder moverse. Es difícil de imaginar con una sola mirada, pero la gasolina tiene mucha energía. Esta energía se libera en el interior del motor del coche y se utiliza para que las ruedas giren.

• Muchos coches de juguete utilizan energía eléctrica que está almacenada en pilas. Hay algunos coches normales que también funcionan a pilas.

• La gasolina sale del petróleo y tiene energía porque procede de restos que una vez tuvieron vida. El petróleo se formó hace millones de años con los restos de animales y plantas.

Tubo de escape

Depósito de gasolina

• La gasolina está almacenada en un depósito. Llega al motor por un estrecho tubo.

Pistón

• La estación de gasolina más grande del mundo está en Jiddah, Arabia Saudí. ¡Tiene más de 200 surtidores!

¿Qué ocurre en el interior del motor de los coches?

La gasolina se mezcla con el aire en el interior del motor y posteriormente se prende fuego por medio de una chispa eléctrica. Esto hace que el aire y la gasolina produzcan una explosión. La explosión mueve de arriba abajo una parte del motor llamada pistones, que a su vez mueven una manivela. La manivela pone también en movimiento otros mecanismos, que harán girar a las ruedas.

Contacto

Chispa

Pistón

Cilindro

Manivela

• Cada pistón se mueve de arriba abajo en el interior de un cilindro.

17

¿Quién pedaleó sobre el mar?

En Junio de 1979, el americano Bryan Allen atravesó el Canal de la Mancha en un avión especial llamado *Gossamer Albatross* en 2 horas y 50 minutos. Nueve años después, el griego Kanellos Kanellopoulos pedaleó su *Daedalus 88* sobre el mar entre las islas de Creta y Santorini.

¿Pueden las bicicletas escalar montañas?

Las bicicletas de montaña están especialmente diseñadas para los terrenos pedregosos. Su estructura es fuerte y resistente para aguantar los baches mientras que sus gruesas ruedas se adhieren a los terrenos resbaladizos y embarrados.

• No es fácil mantener el equilibrio en un monociclo. ¡Sólo tiene una rueda!

• Cuando se inventaron las primeras bicicletas, hace aproximadamente 200 años, no tenían pedales. Tenían que empujarse con los pies.

¿Cuántas personas pueden montar en una bicicleta?

Aunque la mayoría de las bicicletas están diseñadas para una sola persona, existen bicis especiales para más personas. La bicicleta más larga del mundo se fabricó en Bélgica. Tenía sillines y pedales para 35 personas, pero resultaba muy difícil mantener el equilibrio y pedalear a la vez.

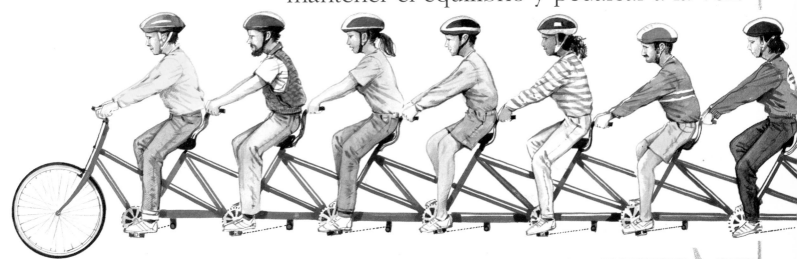

¿Cuántas personas pueden montar en una motocicleta?

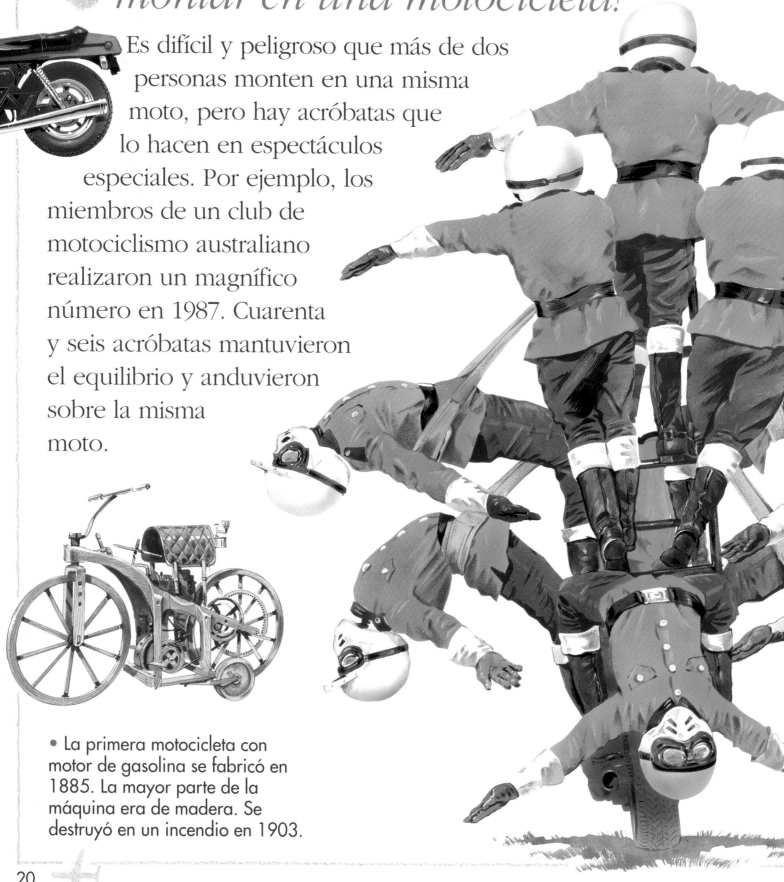

Es difícil y peligroso que más de dos personas monten en una misma moto, pero hay acróbatas que lo hacen en espectáculos especiales. Por ejemplo, los miembros de un club de motociclismo australiano realizaron un magnífico número en 1987. Cuarenta y seis acróbatas mantuvieron el equilibrio y anduvieron sobre la misma moto.

• La primera motocicleta con motor de gasolina se fabricó en 1885. La mayor parte de la máquina era de madera. Se destruyó en un incendio en 1903.

¿Qué motocicletas tienen tres ruedas?

Las ATV son motocicletas especiales todo terreno, que tienen tres ruedas enormes para mantenerse en equilibrio y adherirse al terreno irregular.

• VTT es una abreviatura para «Vehículo Todo Terreno».

• Algunas motocicletas reciben el nombre de «choppers» porque se las ha quitado algunas piezas para variar su aspecto exterior.

¿Pueden volar las motocicletas?

En realidad las motocicletas no pueden volar porque no tienen alas, pero hay acróbatas que realizan números impresionantes con ellas. Éstos pueden mantenerse en el aire durante una cierta distancia, al subir por una rampa a toda velocidad y saltar al vacío.

¿Por qué no se hunden los barcos?

Cuando se introduce un objeto en el agua, se desaloja una cierta cantidad de la misma. Aunque los barcos son pesados, están huecos y sus laterales son bastante altos. Esto significa que pueden hundirse bastante en el agua. De hecho, un barco no se hundirá a menos que esté sobrecargado y pese más que el agua desalojada.

• Cuando te metes en la bañera desalojas agua. Por lo tanto, ten cuidado y no la llenes demasiado.

¿Cómo se sumergen los submarinos?

Los submarinos se sumergen al hacerse demasiado pesados para flotar. Para aumentar su peso, unos tanques especiales se llenan de agua. Para que el submarino vuelva a emerger a la superficie, el agua de los tanques se desaloja.

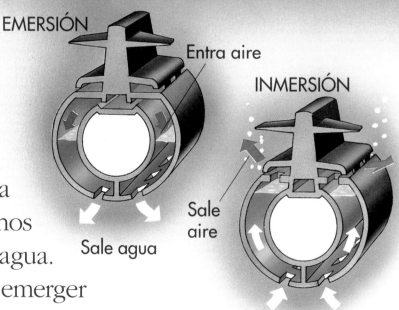

EMERSIÓN
Entra aire
Sale agua

INMERSIÓN
Sale aire
Entra agua

¿Qué barcos vuelan?

Aunque el hidrodeslizador se desliza sobre el agua, no flota como un barco. Por el contrario, flota por encima de las olas sobre un colchón de aire.

• El hidrodeslizador puede desplazarse sobre la tierra, al igual que sobre el agua.

• Este extraño traje de bucear se inventó hace 200 años. Los tubos llevaban el aire desde la superficie.

• Uno de los primeros submarinos fue inventado por el holandés Cornelius Van Drebbel en la década de 1620. Doce hombres remaron en un barco de madera bajo la superficie del río Támesis, en Inglaterra.

¿Cuáles son los barcos más grandes?

Los barcos más grandes del mundo son los superpetroleros. Algunos sobrepasan el medio kilómetro de longitud y pesan más que 1 000 aviones «jumbo». Estos enormes petroleros tardan ¡20 minutos en parar!

• Los chalecos salvavidas sólo tienen 200 años. Un clérigo francés los inventó al recubrir un chaleco con un material flotante llamado corcho.

• Algunos petroleros son tan largos que la tripulación se desplaza en bicicleta por ellos.

¿Cómo eran los barcos vikingos?

Los barcos vikingos no eran muy largos, medían menos de 30 m de longitud. Los vikingos vivieron en Escandinavia hace 1000 años. Construyeron estos resistentes barcos de madera y fueron hábiles marineros.

• Los barcos vikingos podían navegar con los remos o con su única vela cuadrada.

¿Cuáles son los barcos más pequeños del mundo?

Las barquillas de cuero son los barcos más pequeños del mundo. ¡Sólo hay espacio para una persona!

• Los barcos de guerra solían tener la forma de pequeños castillos en ambos extremos.

Castillo de proa

Castillo de popa

• Las hamacas de los barcos se utilizaron por vez primera hace 500 años. Los marineros europeos imitaron esta idea de las camas que vieron en las Indias Occidentales.

¿Por qué no se salen los trenes de las vías?

Los trenes tienen ruedas de metal que se deslizan sobre unos estrechos raíles. El metal puede ser muy resbaladizo, y las ruedas de los trenes están especialmente diseñadas para no salirse de estos raíles. Cada rueda tiene un pequeño borde llamado pestaña que la mantiene sujeta al raíl.

Pestaña

Raíl

Rueda

• Los carros del oeste avanzaban de 1,5 km a 3 km en una hora.

• Las primeras locomotoras americanas tenían en la parte delantera un rastrillo o quitapiedras que mantenía despejada la vía.

• Algunos trenes pueden ascender por pendientes pronunciadas sin deslizarse hacia abajo. Éstos tienen una rueda de más con un extremo dentado que «encaja» en un raíl especial.

¿Qué eran las caravanas de carros?

En 1800, cuando los colonos norteamericanos comenzaron su avance hacia el Oeste, transportaron sus pertenencias en unos carromatos tirados por bueyes o mulas. Las familias viajaban en grupos con los carros avanzando los unos detrás de los otros en una larga caravana.

¿Se deslizan los «trenes de carretera» sobre raíles?

No, los trenes de carretera se desplazan por la carretera. Reciben el nombre de trenes porque se componen de camiones que empujan montones de tráilers, de la misma manera que las locomotoras tiran de vagones.

• No todos los trenes necesitan conductores. Algunos trenes urbanos se controlan por ordenador.

• Los coches y camiones australianos suelen tener unas barras de metal en la parte delantera para protegerse de los posibles choques con canguros y ganado que pueda cruzar las carreteras secundarias.

• Los tranvías son autobúses con ruedas de metal que se deslizan sobre raíles. Se mueven con electricidad que obtienen de unos cables suspendidos sobre la carretera.

Barras protectoras

• Los trenes de carretera se utilizan a menudo en zonas donde no hay vías de ferrocarril. Por ejemplo, en zonas despobladas de Australia.

¿Pueden volar los trenes?

El *Maglev* es un nuevo tipo de tren de pasajeros que se desliza sobre una vía especial suspendida en el aire. Funciona con la energía de unos imánes y puede llegar a alcanzar los 400 km/hora.

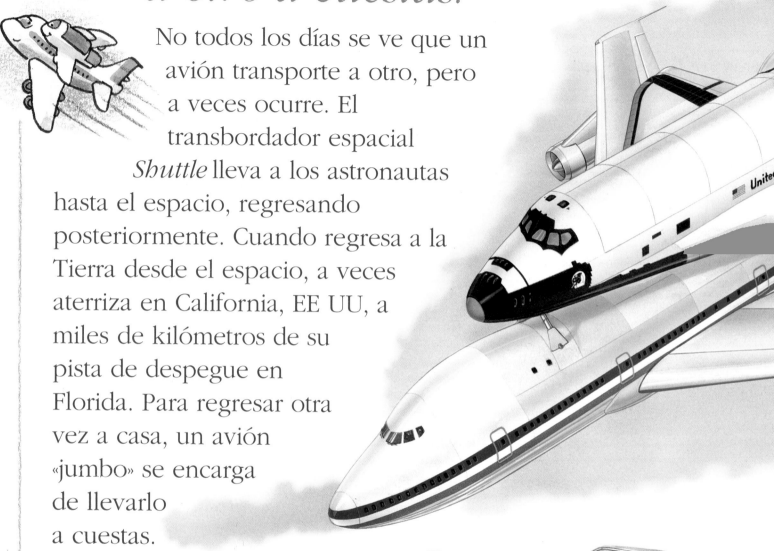

¿Qué avión lleva a otro a cuestas?

No todos los días se ve que un avión transporte a otro, pero a veces ocurre. El transbordador espacial *Shuttle* lleva a los astronautas hasta el espacio, regresando posteriormente. Cuando regresa a la Tierra desde el espacio, a veces aterriza en California, EE UU, a miles de kilómetros de su pista de despegue en Florida. Para regresar otra vez a casa, un avión «jumbo» se encarga de llevarlo a cuestas.

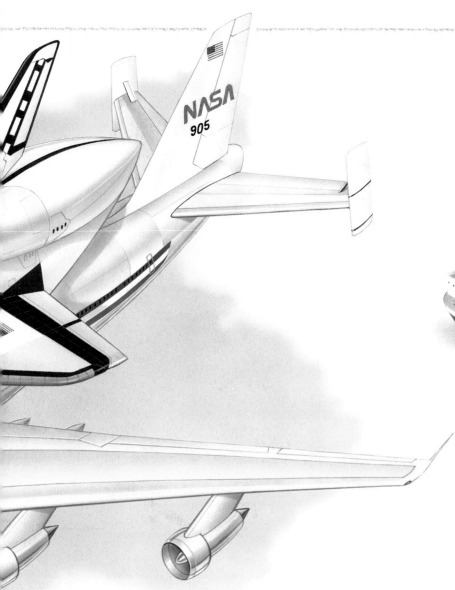

• Los barcos también pueden trasportar a otros. Éstos se sumergen lo suficiente para que un barco de menor envergadura flote sobre su cubierta. Cuando el barco emerge de nuevo, el barco más pequeño estará listo para ser transportado.

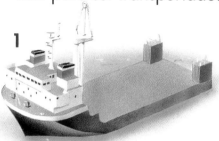

1

2

3

¿Cuándo necesitan los coches un transporte?

Normalmente son las personas las que montan en coche, pero a veces los coches también lo hacen. Sucede cuando los coches nuevos tienen que ser transportados por trenes o camiones desde las fábricas hasta los concesionarios, donde serán vendidos.

• A veces puede parecer que los coches de un camión portacoches vayan a caerse; pero no te preocupes, están muy bien sujetos.

Índice

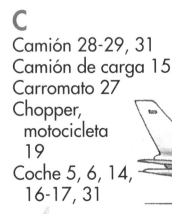